À plus!

Nouvelle édition

Meine Grammatik

zum Selberschreiben

Vokabeltrainer-App

Verfügbar für: iOS, Android und Windows Phone

Cornelsen

À plus! 1
Meine Grammatik zum Selberschreiben

Im Auftrag des Verlages erarbeitet von:
Walpurga Herzog

und der Redaktion Fremdsprachen in der Schule
Julia Goltz (Projektleitung), Dorothee Flach, Jana Silckerodt, Christiane Ulrich (Bildassistenz)

Illustrationen: Yayo Kawamura, Paul Lalo, Laurent Lalo
Umschlaggestaltung: werkstatt für gebrauchsgrafik, Berlin
Layout und technische Umsetzung: Rotraud Biem, Berlin

Umschlagfoto: © Getty Images / Everton (links); Cornelsen, Denimal/Uzel (rechts)

www.cornelsen.de

1. Auflage, 1. Druck 2016

Alle Drucke dieser Auflage sind inhaltlich unverändert
und können im Unterricht nebeneinander verwendet werden.

© 2016 Cornelsen Schulverlage GmbH, Berlin

Druck: Firmengruppe APPL, aprinta Druck, Wemding

ISBN 978-3-06-121808-9

PEFC zertifiziert
Dieses Produkt stammt
aus nachhaltig
bewirtschafteten
Wäldern und
kontrollierten Quellen
PEFC/04-32-0928   www.pefc.de

Grammaire

Salut! Ich heiße Filou und stelle dir deine **Grammatik** zum Selberschreiben vor. Mit diesem Heft kannst du
– nach und nach Grammatik sammeln
– und außerdem überprüfen, was du schon kannst.

▸▸▸ Dieses Heft ist deine ganz persönliche Grammatik zum Selberschreiben. Hier ergänzt du
– Konjugationsmuster der regelmäßigen und unregelmäßigen Verben,
– Tabellen und Regeln zu den wichtigsten Grammatikthemen von *À plus!* 1.
Immer wenn du ein neues Grammatikthema kennengelernt hast, suchst du dir in diesem Heft die passende Seite heraus und füllst sie aus.

Am Ende des Schuljahres hast du ein Nachschlagewerk, an dem du selbst mitgearbeitet hast. Du trennst die Seiten deiner eigenen Grammatik heraus und heftest sie ab. So kannst du auch im nächsten Schuljahr immer hier nachschlagen, wenn du mal etwas vergessen hast.

Alles klar? Dann können wir ja loslegen.
Viel Spaß mit deiner Grammatik zum
Selberschreiben!
Alle **Lösungen** findest du hier
www.cornelsen.de/webcodes APLUS-1-LTB

Grammaire

Die Verben

>>> Hier findest du eine Übersicht über die Verben, die in *À plus!* 1 vorkommen. Trage den französischen Infinitiv ein, sobald du eine Unité abgeschlossen hast. Die <u>orange unterstrichenen</u> Verben mit !! werden unregelmäßig konjugiert.

[Unité 1]

sein = !! _____   ansehen, anschauen = _____

[Unité 2]

chatten = _____   nach Hause gehen = _____

suchen = _____   zuhören, anhören = _____

träumen = _____   telefonieren = _____

singen = _____   arbeiten, lernen = _____

spielen = _____   fernsehen = _____ ____ _____

[Unité 3]

wohnen = _____   auf jdn aufpassen = _____ ____

lachen, Spaß haben = _____   verbringen = _____

surfen = _____   haben = !! _____

[Le français en classe 2]

sprechen = _____   wiederholen, nachsprechen = _____

schließen, zumachen = _____   weitermachen = _____

[Unité 4]

machen, tun = !! _____   vorbereiten = _____

mögen, lieben = _____   sehr lieben = _____

hassen = _____   bevorzugen, lieber mögen = _____

wollen = !! _____   einladen = _____

können = !! _____   anrufen = _____

fragen = _ _ _ _ _ _ _ _ _ _

bei jdm vorbeikommen = _ _ _ _ _ _ _ _   _ _ _ _ _   _ _ _

[Unité 5]

essen = _ _ _ _ _ _ _ _ _

besichtigen = _ _ _ _ _ _ _ _ _ _

gehen = **!** _ _ _ _ _ _ _

ankommen = _ _ _ _ _ _ _ _ _

ausleihen = _ _ _ _ _ _ _ _ _ _ _ _

vorstellen = _ _ _ _ _ _ _ _ _ _ _

aufschreiben, notieren = _ _ _ _ _ _ _ _

treffen = _ _ _ _ _ _ _ _ _ _ _

[Unité 6]

beginnen = _ _ _ _ _ _ _ _ _ _ _ _

nehmen = **!** _ _ _ _ _ _ _ _ _

in etw. einsteigen = _ _ _ _ _ _ _ _   _ _ _ _ _   _ _ _

zurückkehren = _ _ _ _ _ _ _ _ _ _ _ _ _

verstehen = **!** _ _ _ _ _ _ _ _ _ _ _ _

[Unité 7]

einladen = _ _ _ _ _ _ _ _ _

helfen = _ _ _ _ _ _ _

mitbringen = _ _ _ _ _ _ _ _ _ _

kosten = _ _ _ _ _ _ _ _

finden = _ _ _ _ _ _ _ _ _

tanzen = _ _ _ _ _ _ _ _

kaufen = _ _ _ _ _ _ _ _ _

jdn überraschen = **!** _ _ _ _ _ _ _ _   _ _ _ _   _ _ _ _ _ _ _ _ _ _   _ _   _ _ _

hören = _ _ _ _ _ _ _ _ _ _ _

begleiten = _ _ _ _ _ _ _ _ _ _ _ _ _ _ _

komponieren = _ _ _ _ _ _ _ _ _ _ _ _

sammeln = _ _ _ _ _ _ _ _ _ _ _ _ _ _ _ _ _

warten = **!** _ _ _ _ _ _ _ _ _ _

einkaufen = **!** _ _ _ _ _ _ _ _   _ _ _ _   _ _ _ _ _ _ _ _ _ _

ausblasen = _ _ _ _ _ _ _ _ _ _ _ _ _

[Unité 8]

bleiben = _ _ _ _ _ _ _ _ _

feiern = _ _ _ _ _ _ _ _

etw. fotografieren = **!** _ _ _ _ _ _ _ _ _ _   _ _ _   _ _ _ _ _ _ _   _ _ _

zelten = **!** _ _ _ _ _ _ _ _   _ _ _   _ _ _ _ _ _ _ _ _ _

schwimmen = _ _ _ _ _ _ _

beobachten = _ _ _ _ _ _ _ _ _ _ _ _ _

Grammaire

Das unregelmäßige Verb être [Unité 1]

être (sein)	
je	s u i s
tu	_____
il/elle/on	_____
nous	_____
vous	_____
ils/elles	_____

Wendungen mit être

>>> Schreibe die französischen Übersetzungen der Sätze auf.

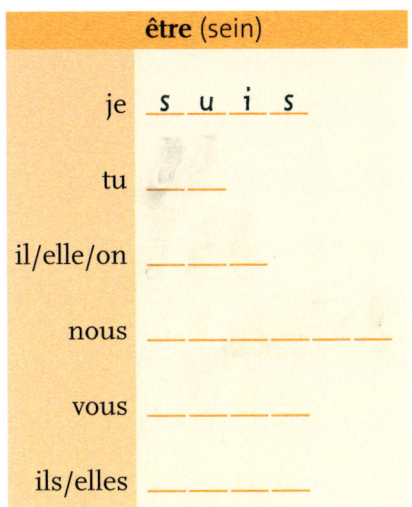

Das ist hübsch! [Unité 3]

Wie viel Uhr ist es? [Unité 5]

Wer ist das? [Unité 1]

....

Ich bin's. [Unité 1]

Es ist geschlossen. [Unité 5]

....

Das ist ganz nah. [Unité 3]

....

Das ist der Horror. [Unité 3]

Das ist lecker. [Unité 6]

Das ist alles. [Unité 3]

Wir sind einverstanden. [Unité 5]

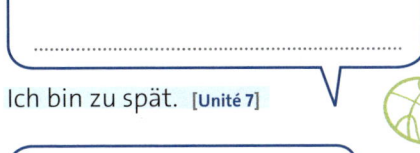

Ich bin zu spät. [Unité 7]

Das ist teuer. [Unité 7]

7

Das unregelmäßige Verb avoir [Unité 3]

avoir (haben)	
j'	a i
tu	___
il/elle/on	__
nous	_____
vous	_____
ils/elles	_____

Wendungen mit avoir

>>> Schreibe die französischen Übersetzungen der Sätze auf.

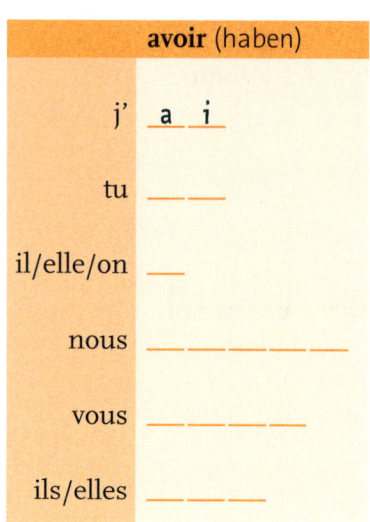

Ich bin 16 Jahre alt. [Unité 3]

Wir haben heute keinen Unterricht. [Unité 5]

Ich habe Hunger! [Unité 6]

Wie alt sind sie? [Unité 3]

Hast du Zeit? [Le français en classe 3]

Er hat Durst! [Unité 6]

Grammaire

Die regelmäßigen Verben auf -er [Unité 1 und Unité 2]

regarder (ansehen)	
je	regard- _e_
tu	regard-_____
il/elle/on	regard-___
nous	regard-_____
vous	regard-_____
ils/elles	regard-_____

Die Grundform eines Verbs nennt man

....

Ein Verb besteht aus zwei Teilen: dem Verbstamm (hier:

regard-) und der .... (hier: *-er*).

Wenn du das Verb konjugierst, passt du die Endung an die jeweilige Person an: *regarder → je regarde*. Das ist wie im Deutschen *(sehen → ich sehe)*.

Impératif [Le français en classe 2]

.... (Schau! / Sieh mal!)

.... (Lass uns [mal] sehen!)

.... (Schaut/Seht [mal]!)

chercher (suchen) [Unité 2]	
je	_____
tu	_____
il/elle/on	_____
nous	_____
vous	_____
ils/elles	_____

rentrer (nach Hause gehen) [Unité 2]	
je	_____
tu	_____
il/elle/on	_____
nous	_____
vous	_____
ils/elles	_____

Impératif

....

....

....

Impératif

....

....

....

Das Verb préférer [Unité 4]

préférer (bevorzugen)	
je	_ _ _ _ _ **è** _ _
tu	_ _ _ _ _ **è** _ _
il/elle/on	_ _ _ _ _ **è** _
nous	_ _ _ _ _ _ _ _ _
vous	_ _ _ _ _ _ _ _
ils/elles	_ _ _ _ _ **è** _ _ _ _

Impératif

....

....

....

Préférer ist ein regelmäßiges Verb auf -er. Es hat aber eine Besonderheit: Im Singular und in der 3. Person Plural steht -*è*- (je préf**è**re, tu préf**è**res …).

Die Verben *répéter* (wiederholen, nachsprechen) und *acheter* (kaufen) werden wie *préférer* konjugiert.

Das Verb appeler [Unité 4]

appeler (anrufen)	
j'	_ _ _ _ _ _ **l** _
tu	_ _ _ _ _ _ **l** _ _
il/elle/on	_ _ _ _ _ _ **l** _ _
nous	_ _ _ _ _ _ _ _
vous	_ _ _ _ _ _ _ _
ils/elles	_ _ _ _ _ _ **l** _ _ _ _

Impératif

....

....

....

Das Verb *appeler* ist ein regelmäßiges Verb auf -er. Es hat aber eine Besonderheit: Im Singular und in der 3. Person Plural verdoppelst du das -*l*- (j'appe**l**les, tu appe**l**les …).

Grammaire

Die Verben manger und ranger [Unité 5]

manger (essen)

je	_____
tu	_____
il/elle/on	_____
nous	_____ e _____
vous	_____
ils/elles	_____

Impératif

....

....

....

ranger (aufräumen)

je	_____
tu	_____
il/elle/on	_____
nous	_____ e _____
vous	_____
ils/elles	_____

Impératif

....

....

....

Manger und *ranger* sind Verben auf .... Sie werden regelmäßig konjugiert. Sie haben aber eine Besonderheit:
In der 1. Person Plural schiebst du ein -*e*- zwischen *rang-* und -*ons* ein. Sonst würde das -*g*- falsch ausgesprochen.

Das Verb *nager* (schwimmen) wird wie *manger* und *ranger* konjugiert.

Das Verb commencer [Unité 6]

commencer (beginnen)

je	_____
tu	_____
il/elle/on	_____
nous	_____ ç ____
vous	_____
ils/elles	_____

Impératif

....

....

....

Das Verb *commencer* ist ein regelmäßiges Verb auf -*er*. Es hat aber eine Besonderheit: In der 1. Person Plural steht -*ç*- (*nous commençons*).

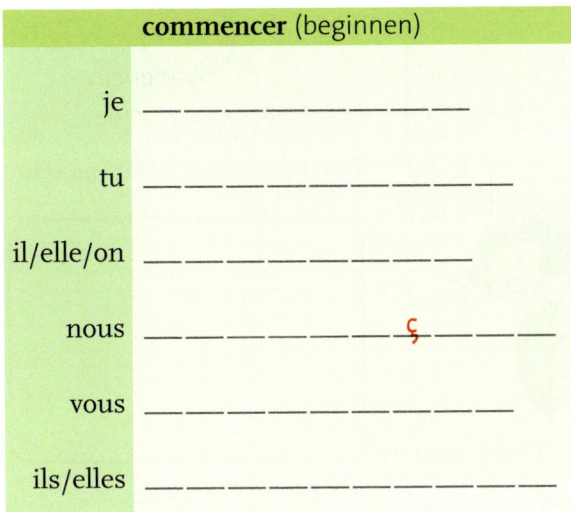

Das unregelmäßige Verb faire [Unité 4]

faire (machen)	
je	——————
tu	——————
il/elle/on	——————
nous	————————
vous	————————
ils/elles	——————

Impératif

....

....

....

Wendungen mit faire

>>> Schreibe die französischen Übersetzungen der Sätze auf.

f a i r e

Wir musizieren. [Unité 4]

Sie macht einen Ausflug. [Unité 4]

Er spielt Fußball. [Unité 4]

Wir überraschen Noah! [Unité 7]

Wer kauft ein? [Unité 7]

Es ist schönes Wetter. [Unité 8]

Wir zelten. [Unité 8]

Grammaire

Die unregelmäßigen Verben pouvoir und vouloir [Unité 4]

pouvoir (können)	
je	___ ___ ___
tu	___ ___ ___
il/elle/on	___ ___ ___
nous	___ ___ ___ ___
vous	___ ___ ___ ___
ils/elles	___ ___ ___ ___

vouloir (wollen)	
je	___ ___ ___
tu	___ ___ ___
il/elle/on	___ ___ ___
nous	___ ___ ___ ___ ___
vous	___ ___ ___ ___
ils/elles	___ ___ ___ ___

Das unregelmäßige Verb aller [Unité 5]

aller (gehen)	
je	___ ___ ___
tu	___ ___
il/elle/on	___
nous	___ ___ ___ ___
vous	___ ___ ___
ils/elles	___ ___ ___

Impératif

....

....

....

On y va!

Los geht's! [Le français en classe 2]

Das unregelmäßige Verb prendre [Unité 6]

prendre (nehmen)	
je	———————
tu	———————
il/elle/on	———————
nous	———————
vous	———————
ils/elles	———————

Das Verb *comprendre* (verstehen) wird wie *prendre* konjugiert.

Impératif

....

....

....

Das regelmäßige Verb attendre [Unité 7]

attendre (warten)	
j'	———————
tu	———————
il/elle/on	———————
nous	———————
vous	———————
ils/elles	———————

Impératif

....

....

....

Grammaire

Das futur composé [Unité 5]

Qu'est-ce que tu vas faire cet après-midi?

Je vais regarder la télé.

Je <u>v a i s</u> **faire** du foot. = Ich werde Fußball spielen.

Tu _____ **aller** au cinéma. = Du wirst ins Kino gehen.

Il/Elle/On _____ **regarder** un DVD. = Er wird eine DVD anschauen.

Nous _____ **écouter** un CD. = Wir werden eine CD anhören.

Vous _____ **visiter** un musée. = Ihr werdet ein Museum besuchen.

Ils/Elles _____ **chanter** ensemble. = Sie werden zusammen singen.

> Wenn du über etwas sprichst, das in der Zukunft passieren wird, verwendest du das *futur composé*.
>
> **konjugierte Form von** .... **+ Infinitiv = futur composé**

Tu ne vas pas aller chez ta tante?

Non. Je vais faire mes devoirs.

Il ....<u>ne</u>.... va .....<u>pas</u>..... aller au musée. = Er wird nicht ins Museum gehen.

Je .... vais .... chatter avec mon ami. = Ich werde nicht mit meinem Freund chatten.

Nous .... allons .... faire de la musique. = Wir werden nicht musizieren.

> Die Verneinungswörter *ne ... pas* stehen beim *futur composé* vor und hinter der konjugierten Form von *aller*.
>
> ....+ **konjugierte Form von** .... + ... **+ Infinitiv = futur composé verneint**

Der bestimmte und der unbestimmte Artikel [Unité 1 und Unité 2]

	Der bestimmte Artikel [Unité 1]		Der unbestimmte Artikel [Unité 2]	
	männlich	**weiblich**	**männlich**	**weiblich**
Singular	____ garçon	____ fille	____ garçon	_____ fille
	__ ami	__ amie	___ami	_____amie
Plural	_____ garçons	_____ filles	_____ garçons	_____ filles
	_____amis	_____amies	_____amis	_____amies
	le	....	....	....
	....		....	

> **!** Das Geschlecht deutscher und französischer Nomen stimmt meist **nicht** überein:
>
> **la fille** – **das** Mädchen
> **la cour** – **der** Schulhof
> **le collège** – **das** Collège

> Im Deutschen gibt es keinen unbestimmten Artikel im Plural. ✔
>
> Dans la boulangerie, il y a .... croissants.
> In der Bäckerei gibt es ▪ Croissants.

Der zusammengezogene Artikel mit de [Unité 4]

 Mathieu fait ____ foot.

 Mélanie et Lucie font ____ ____ danse.

 Anna fait ____ __ athlétisme.

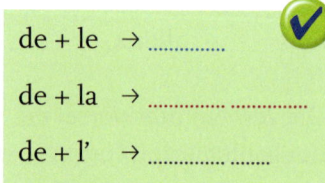
> de + le → .... ✔
> de + la → ....
> de + l' → ....
> de + les → ....

 Christophe fait _____ percussions.

Grammaire

Der zusammengezogene Artikel mit der Präposition à [Unité 5]

Louis va __ __ gymnase.

Sophie va __ __ __ cantine.

Ils vont __ __ école.

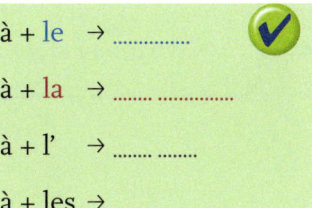

à + le → ....

à + la → ....

à + l' → ....

à + les → ....

Karim va __ __ __ toilettes.

Mengenangaben mit de [Unité 7]

....un.... ....kilo.... ....de.... tomates = ein Kilo Tomaten

.... eau = eine Flasche Wasser

.... bonbons = eine Packung Bonbons

.... chocolat = eine Tafel Schokolade

....beaucoup.... ....de.... parcs = **viele** Parks

.... touristes = **zu viele** Touristen

.... magasins = **genug** Geschäfte

Nach Mengenangaben steht .... + Nomen ohne Artikel.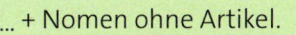

Vor einem Nomen, das mit einem Vokal oder einem stummen *h* beginnt, wird *de* zu .... verkürzt.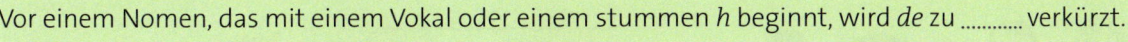

Un kilo de pommes.

Ein Kilo ■ Äpfel.

Il n'y a pas ....assez.... ..d'..activités. = Es gibt **nicht genug** Freizeitaktivitäten.

Il n'y a .... cinéma. = Es gibt **kein** Kino.

Il n'y a .... café. = Es gibt **kein** Café **mehr**.

Ne ... pas de heißt .... und bezeichnet eine nicht vorhandene Menge.

Ne ... plus de heißt .... und bezeichnet eine nicht mehr vorhandene Menge.

❗ Merke: *Je n'**aime** pas **les** tomates.*
Nach *aimer* steht auch in der Verneinung der bestimmte Artikel **le, la, les**.

Die Possessivbegleiter mon, ton, son ... [Unité 3]

ein „Besitzer"	Nomen im Singular			Nomen im Plural
	männlich	**weiblich**	**vor Vokal**	
(moi)	_ _ _ _ père	_ _ mère	_ _ _ _ ami _ _ _ _ amie	_ _ _ _ amis _ _ _ _ amies
(toi)	_ _ _ _ frère	_ _ sœur	_ _ _ _ ami _ _ _ _ amie	_ _ _ _ frères _ _ _ _ sœurs
(il) (elle)	_ _ _ _ cousin	_ _ _ cousine	_ _ _ _ ami _ _ _ _ amie	_ _ _ _ cousins _ _ _ _ cousines
	mon	....	....	....

son fils   son fils

Son fils heißt sowohl „**sein** Sohn" als auch „**ihr** Sohn"!

Im Französischen richten sich die Possessivbegleiter nur nach dem Nomen, vor dem sie stehen. Das ist anders als im Deutschen.

Grammaire

Nomen im Singular

mehrere „Besitzer"	**männlich**	**weiblich**
(nous)	_____ prof	_____ salle de classe
(vous)	_____ livre	_____ DVD
(ils) (elles)	_____ collège	_____ photo
	............notre.........
	....
	....

Nomen im Plural

mehrere „Besitzer"	**männlich**	**weiblich**
(nous)	_____ devoirs	_____ réponses
(vous)	_____ livres	_____ feuilles
(ils) (elles)	_____ ordinateurs	_____ phrases
	...........nos...........
	....
	....

Das Adjektiv [Unité 3]

Einzahl (Singular)

	Il est ... 	Elle est ...
joli	j o l i	_ _ _ _ _ _
intelligent	i n t e l l i g e n t	_ _ _ _ _ _ _ _ _ _ _
adorable	_ _ _ _ _ _ _ _ _	_ _ _ _ _ _ _ _

Mehrzahl (Plural)

	Ils sont ...	Elles sont ...
joli	_ _ _ _ _ _	_ _ _ _ _ _
intelligent	_ _ _ _ _ _ _ _ _ _ _	_ _ _ _ _ _ _ _ _ _
adorable	_ _ _ _ _ _ _ _ _	_ _ _ _ _ _ _ _

Adjektive beschreiben Personen, Tiere oder Sachen.
Du gleichst sie dem Nomen an, zu dem sie gehören.

Die Adjektive bon und nul [Unité 5]

Einzahl (Singular)	männlich	weiblich
	Noah est bon en maths.	Clara est _ _ _ _ _ _ _ en allemand.
	Noah est nul en musique.	Clara est _ _ _ _ _ _ _ en maths.
Mehrzahl (Plural)	**männlich**	**weiblich**
	Ils sont bons en SVT.	Elles sont _ _ _ _ _ _ _ _ en français.
	Ils sont nuls en français.	Elles sont _ _ _ _ _ _ _ _ en EPS.

Die weiblichen Formen von bon schreiben sich mit
Doppel-*n*- und die von nul mit Doppel-*l*-.

Grammaire

Die direkten Objektpronomen me, te, le, la, nous, vous, les [Unité 7]

Il __m_e__	comprend.	= Er versteht **mich**.
Elle ___'	attend.	= Sie wartet auf **mich**.
Je _____	retrouve à la maison.	= Ich treffe **dich** zu Hause.
Zora ___'	appelle.	= Zora ruft **dich** an.
Le DVD? Clara _____	regarde.	= Clara schaut **sie** an. (die DVD)
Le livre? Antoine ___'	achète.	= Antoine kauft **es**. (das Buch)
La recette? Mona _____	regarde.	= Mona schaut **es** an. (das Rezept)
La chanson? Noah ___'	écoute.	= Noah singt **es**. (das Lied)
Notre prof _____	comprend.	= Unser Lehrer versteht **uns**.
Il _____	appelle.	= Er ruft **euch** an.
Les figurines? Théo _____	collectionne.	= Théo sammelt **sie**. (die Figuren)

Das direkte Objektpronomen steht immer vor dem Verb. ✔

– Est-ce que Marie regarde la bédé?   – Non, elle ...**ne**... la regarde ......**pas**...... .

– Est-ce que tu m'écoutes?   – Non, je .... t'écoute ....

– Ils vous attendent?   – Non, ils .... nous attendent ....

Die Verneinungsklammer schließt das Objektpronomen mit ein. ✔

– Est-ce que Lukas va aider les filles?   – Oui, il va ...**les**... aider.

– Je peux inviter ma copine?   – Non, tu ne peux pas .... inviter.

– Est-ce que vous pouvez nous appeler?   – Non, nous ne pouvons pas .... appeler.

– Est-ce qu'il veut acheter les DVD?   – Oui, il veut .... acheter.

In einem Satz mit Infinitiv stehen die Objektpronomen direkt vor dem Infinitiv. ✔

Die Intonationsfrage [Unité 1]

Frage	Aussage
Ça va ___	Ça va ___
Tu es nouveau à Strasbourg ___	Tu es nouveau à Strasbourg ___
Vous êtes en cinquième A ___	Vous êtes en cinquième A ___

Du kannst beim Sprechen aus einem Aussagesatz einen Fragesatz bilden.
Verändere einfach die Satzmelodie:

Aussagesatz ⬎ **.** → **Fragesatz** ⬏ **?**

Die Frage mit nachgestelltem Fragewort [Unité 1]

Tu t'appelles _____? = **Wie** heißt du?

Le garçon / La fille, c'est _____? = **Wer** ist der Junge / das Mädchen?

Tu habites _____? = **Wo** wohnst du? [Unité 3]

Le CD coûte _____? = **Wie viel** kostet die CD? [Unité 7]

In der gesprochenen Sprache kannst du auch Fragen
mit einem Fragewort am Ende des Satzes bilden.

Die Frage mit qu'est-ce que [Unité 2]

_____ _____-_____ _____ il y a dans ta chambre? = **Was** gibt es in deinem Zimmer?

_____ _____-_____ _____ tu fais? = **Was** machst du?

Mit *Qu'est-ce que/qu'*… fragst du nach Sachen.

Grammaire

Die Frage mit où [Unité 2] und die Frage mit qui [Unité 3]

_ _ est Vincent? = **Wo** ist Vincent?

_ _ sont les clés? = **Wo** sind die Schlüssel?

> Mit _où_ fragst du, wo jemand oder etwas ist.
>
> .... **+ Verb + Subjekt + ? = Fragesatz**

_ _ _ a une allergie? = **Wer** hat eine Allergie?

_ _ _ chante très bien? = **Wer** singt sehr gut?

> Mit _qui_ fragst du nach Personen.
>
> .... **+ Verb + Ergänzung + ? = Fragesatz**

Die Frage mit est-ce que [Unité 4]

_ _ _ _-_ _ _ _ tu as des frères et sœurs? = Hast du Geschwister?

_ _ _ _-_ _ _ ils font du foot? = Spielen sie Fußball?

> Du kannst einen Fragesatz auch mit _est-ce_ que bilden.
>
> ....-.......... .... **+ Aussagesatz + ? = Fragesatz**

Est-ce que wird nicht übersetzt.

Die Frage mit Fragewort und est-ce que [Unité 5]

Pourquoi .... est-ce que .... tu vas chez le CPE? = **Warum** gehst du zum CPE?

.... est-ce que .... tu habites? = **Wo** wohnst du?

.... vous rentrez? = **Wie** geht ihr heim?

.... ils vont au parc? = **Wann** gehen sie in den Park?

Avec .... est-ce que .... tu vas au cinéma? = **Mit wem** gehst du ins Kino?

Chez .... vous mangez? = **Bei wem** esst ihr?

Pour .... tu fais le gâteau? = **Für wen** backst du den Kuchen?

.... ils coûtent? = **Wie viel** kosten sie? [Unité 7]

> Auch mit Fragewörtern kannst du _est-ce que_-Fragen bilden.
>
> **Fragewort +** ....-.......... .... **+ Aussagesatz + ? = Fragesatz**

Der Nebensatz mit quand [Unité 8]

	Subjekt	Verb	Ergänzung
Quand	Paul	veut acheter	un cadeau, …

	Subjekt	Ergänzung	Verb
Wenn	Paul	ein Geschenk	kaufen will, …

> Im Nebensatz mit *quand* steht das Verb vor der Ergänzung.
> Im Deutschen steht das Verb im Nebensatz an letzter Stelle!

Ein Nebensatz mit *quand* hat die gleiche Wortstellung wie ein Hauptsatz:

.... **+ Subjekt + Verb (+ Ergänzung)**

_____ il fait chaud, on va à la plage.

Wenn es heiß ist, gehen wir zum Strand.

_____ il pleut, on reste à la maison.

Wenn es regnet, bleiben wir zu Hause.

Der Relativsatz mit où [Unité 8]

On va au Vieux Port _____ il y a toujours beaucoup de monde.

Wir gehen zum Vieux Port, **wo** immer viele Leute sind.

La salle de permanence est un endroit _____ les élèves font leurs devoirs.

Der Aufenthaltsraum ist ein Ort, **wo** die Schüler ihre Hausaufgaben machen.

Ein Nebensatz mit *où* hat die gleiche Wortstellung wie ein Hauptsatz:

.... **+ Subjekt + Verb (+ Ergänzung)**

> Denk an den Akzent auf dem *où*:
> Auf dem „wo" sitzt ein Floh!

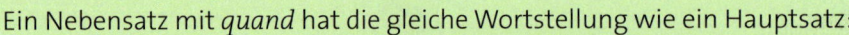

Grammaire

Zeichen und Akzente im Französischen

l'ami	Das Zeichen **'** heißt Apostroph und steht für einen ausgefallenen Vokal: le ami → l'ami, la amie → l'amie, le hiver → l'hiver.
Ça va?	**ç** nennt man „c cédille". Es bewirkt, dass das **c** vor den Vokalen **a, o, u** wie **s** ausgesprochen wird.
la rentr**é**e	**é** heißt „é accent aigu". Dieser Akzent kommt nur auf dem **e** vor.
le coll**è**ge	**è** heißt „è accent grave". Dieser Akzent kommt auf den Vokalen **e, a, u** vor.
le ch**â**teau	**â** heißt „â accent circonflexe". Dieser Akzent kann auf allen Vokalen vorkommen.
la s**œ**ur	Der Buchstabe **œ** ist eine Verschmelzung aus „o" und „e" und wird so ähnlich wie das deutsche „ö" ausgesprochen.

⟫⟫⟫ Finde in der ▶ *Liste des mots* ab S. 180 weitere Beispiele für die verschiedenen Zeichen und Akzente.

'	ç	é

è / à / ù	â / ê / î / ô / û	œ
		la sœur
		l'œuf

Platz für deine Notizen und eigene Eselsbrücken

Platz für deine Notizen und eigene Eselsbrücken

Platz für deine Notizen und eigene Eselsbrücken

Platz für deine Notizen und eigene Eselsbrücken

Platz für deine Notizen und eigene Eselsbrücken